AF324486

DEFENSE

DU SECRET

DU

JANSENISME,

CONTRE

L'ECRIT DE M. GERY.

Par le P. DECHAMPS, de la Compagnie de JESUS.

A PARIS,

Chez ESTIENNE MICHALLET,
premier Imprimeur du Roy, ruë Saint
Jacques, à l'Image Saint Paul.

M. DC. XC.

AVEC PRIVILEGE DU ROY.

DEFENSE
DU SECRET
DU
JANSENISME,
CONTRE
l'Ecrit de Monsieur Gery.

PREFACE

QUI EXPLIQUE LE DESSEIN
de cet Ouvrage.

UN de mes amis m'ayant presté l'*Apologie historique des Censu-res de Louvain, & de Doüay,* sur la matiere de la grace, par Mon-sieur Gery Bachelier en Theologie, im-primée à Cologne l'année 1688. j'en ay lû l'*addition* qui est contre mon livre, & je me suis particulierement arresté à l'endroit, où il en parle de la sorte : *Son tres-petit livre fut réfuté dés ce temps-là (en 1652) par un livre fort gros, c'est-à-dire par un in quarto de plus de 800. pages d'un fort petit caractere, où son prétendu secret du Jansenisme fut clairement convaincu, de n'estre qu'une calomnie publique.* Et peu aprés : *Ceux qui sçauront, que cette réfutation du Secret, est un ouvrage de feu M. l'Abbé de B. si habile dans les controverses, & si versé dans la lecture des livres des Calvinistes, jugeront bien, que personne n'étoit plus propre que luy, à réfuter cette conformité de la doctrine des Jansenistes avec celle de Calvin, sur quoy roule tout le livre de ce Pere,*

Ces dernieres paroles de M. Gery marquent les trois points essentiels, qui font toute la force & l'abregé du secret du Jansenisme. Le premier est, que les opinions de Jansenius que j'attaque, sont toutes prises des hérétiques du dernier siecle, & d'une maniére si honteuse, que les choses mesme qu'il vante, comme les fruits de son travail, & qu'il asseure estre inconnuës aux nouveaux Theologiens, se trouvent toutes dans les livres de ces ennemis de l'Eglise. Le second point est, que ces opinions ne sont pas de celles, qui nous sont communes avec les hérétiques, puis qu'eux-mesmes les défendent, comme des articles de leur foy, contraires aux décisions du Concile de Trente, & aux sentimens de l'Eglise Romaine. Le troisiéme point est, que tous les Docteurs Catholiques combattent les mesmes opinions, comme des hérésies manifestes.

Il faut examiner ces trois points, sur lesquels roule le Secret du Jansenisme ; & voir si M. l'Abbé de B. *les a clairement convaincus, de n'estre qu'une calomnie publique.*

PREMIER POINT.

La doctrine de Janſenius touchant le libre arbitre & la grace, eſt toute priſe des hérétiques du dernier ſiecle.

C'Eſt ce que j'entrepris de prouver dans un livre Latin, ſous le nom d'*Antonius Ricardus*, dés l'année 1645. & les moins paſſionnez avoüerent, que je l'avois *montré clairement.* La Congregation du Saint Office en fit ce jugement, comme on le peut voir dans la Lettre, que le Cardinal Roma écrivit au Nonce de Flandre, de la part de cette Congregation, le 28. Decembre 1647. *Antonius Ricardus*, dit-il, *montre clairement que Janſenius & ſes défenſeurs, dans les ouvrages qu'ils ont imprimez, ont dérobé des hérétiques de noſtre temps, ce qu'ils diſent de plus fort.* Je montray le meſme en François l'an 1651. dans la premiere édition du *Secret du Janſeniſme*, & mon livre eut d'abord tout le ſuccés, que je pouvois ſouhaiter ; ce qui obligea M. l'Abbé

de B. comme il le témoigne *dans
l'Avis au lecteur*, de faire ce gros
livre, qu'il appelle , *Saint Augustin
victorieux de Calvin & de Molina, ou
Réfutation d'un livre intitulé , le Secret du Jansenisme.* Je ne m'arreste
pas icy à examiner le titre magnifi-
que, & le dessein de cet ouvrage , je
l'ay fait dans les Reflexions généra-
les , qui sont à la teste de la troisiéme
édition du *Secret du Jansenisme* ;
tout ce que je prétends maintenant
est de faire voir qu'il est tres-faux ,
que M. l'Abbé de B. dans ce gros livre, ait *clairement convaincu le Secret
du Jansenisme, de n'estre qu'une calomnie publique* , en ce qui regarde *la
conformité de la doctrine de Jansenius
avec celle de Calvin.*

Il est vray qu'il ne peut souffrir,
que j'aye dit dans la premiere édition
du *Secret du Jansenisme,* chap.1. art.1.
*Je fais de nouveau aux plus zelez par-
tisans de Jansenius le défy que je leur
ay déja fait plusieurs fois depuis cinq
ans. Je les prie de choisir dans le grand
ouvrage de leur maître , tout ce qu'il
y a de plus excellent , ses plus rares*

A iiij

opinions, & les plus beaux passages de
saint Augustin, dont il tâche de les au-
toriser, ses plus ingénieuses réponses,
en un mot tout ce qu'ils croyent estre de
plus admirable, & de plus convaincant : & je me fais fort de montrer évidemment, que tout cela se trouve, presque mot pour mot, dans les livres de
Luther, de Calvin, & des autres hérétiques, qui ont écrit depuis cent ans.
Sur quoy il dit dans la Conference 1.
chap. 23. page 106. *Le seul point de
la difference des deux graces, ne de-
vroit-il pas suffire, pour confondre à
jamais la témérité de ce faiseur de dé-
fis, & de cet architecte de calomnies?*
Et dans le chap. 22. page 98. aprés
avoir rapporté un grand passage de
Calvin, du livre *de la secrete Providence de Dieu,* page 855. où cet hérétique semble dire, qu'Adam n'avoit
point de libre arbitre, qu'il a peché
necessairement, & qu'il avoit besoin
d'une grace necessitante : Il s'écrie :
*Où est icy la difference de la grace du
premier homme, & de celle de ses des-
cendans?*

Je luy ay répondu, dans la Reflexion sur l'article 1. du chap. 3. de la troisiéme édition du *Secret du Janse-nisme* (qui est celle que je citeray toûjours dans cet écrit) que je n'ay jamais dit, que la difference des deux graces se trouvât dans le livre de Calvin , *de la secrete Providence de Dieu ;* mais que j'ay seulement asseu-ré , qu'elle estoit dans son Institu-tion livre 2. chap. 3. dans le livre 6. du libre arbitre , & dans son Anti-dote du Concile de Trente. Les paroles de cet hérétique , que j'ay rapportées fort au long dans l'en-droit que je viens de marquer, justi-fient assez mon procedé. Mais il est à propos, qu'on les voye encore icy , pour confondre mon accusateur, qui n'a marqué que cette difference des deux graces , comme l'exemple le plus évident, qu'on puisse apporter, & qui suffit , pour me convaincre , d'estre *un architecte de calomnies.*

Calvin dans son Institution livre 2. chap. 3. n. 10. 11. 12. 13. dit : *Dieu ne pousse pas nos volontez , com-me on a crû depuis plusieurs siecles, par une grace ; que nostre volonté puisse*

A v

*suivre, ou refuser ; j'avouë bien , què
dans l'état d'innocence l'homme en avoit
une semblable , &c.* Voicy comme il
le prouve : *Ecoutons saint Augustin,
de peur que les Pelagiens de nostre siecle, c'est-à-dire les Sophistes de la Sor-
bonne , ne nous reprochent , comme ils
ont de coûtume , que tous les Docteurs
anciens nous sont contraires.* Il dit au
livre de la *Correction & de la Grace ,
que Dieu avoit donné à Adam la grace de perseverer s'il vouloit &c.* Et
dans le livre 6. du libre arbitre, sur la
fin , aprés avoir expliqué cette difference entre la grace du premier
homme , & celle de la nature corrompuë , il ajoûte : *Saint Augustin
au mesme endroit nous fournit une autre distinction , qui explique nettement
cette difficulté. Il y a, dit-il, un secours
sans lequel une chose ne se fait point ,
& un autre par lequel elle se fait. Dieu
donc a donné au premier homme un secours de perseverance , non par lequel
il perseverât, mais sans lequel il ne pouvoit perseverer par son libre arbitre ;
mais maintenant Dieu ne donne pas
seulement ce premier secours de perse-*

verance aux Saints prédeſtinez par la grace de Dieu pour le Royaume du Ciel ; le ſecours que Dieu leur donne, eſt tel, qu'il leur donne la perſeverance meſme, &c. Calvin ſe ſert encore de cette difference des deux graces, pour décrier les déciſions du Concile de Trente, & les faire paſſer pour Pelagiennes. Le Concile avoit défini dans la ſeſſion 6. can. 4. que l'homme peut rejetter l'inſpiration du ſaint Eſprit, & n'y pas conſentir s'il veut : Calvin s'emporte contre les Peres, qui ont fait ce Decret. *Ils ſe trompent*, dit-il, *en ce qu'ils ne remarquent point la difference qu'il y a, entre la grace de régeneration, qui fortifie nôtre foibleſſe, & celle qui fut donnée à Adam, ce que ſaint Auguſtin explique exactement. Le premier homme*, dit-il, *avoit une grace, qu'il pouvoit quitter quand il vouloit, & dans laquelle il pouvoit demeurer s'il vouloit, &c.*

J'ay dit encore dans le meſme article 1. chap. 3. que cette difference des deux graces, expliquées de la meſme maniere, & ſoûtenuë des

mefmes paffages de faint Auguftin,
qu'on la voit dans le Livre de Janfenius, fe trouvoit long-temps auparavant, non feulement dans les ouvrages de Pierre Martyr, de Beze, de
du Moulin, & de beaucoup d'autres
hérétiques, qui l'ont foûtenuë; mais
auffi dans ceux du Cardinal Bellar-
min, de Malderus Evefque d'Anvers,
d'Horantius, qui eftoit un des Theologiens du Concile de Trente, & de
beaucoup d'autres Docteurs Catholiques, qui l'ont combattuë. Aprês
cela, comment Janfenius a-t-il pû
mettre cette infcription fur le chap.
3. du livre 2. de la Grace de Jefus-
Chrift : *La difference de la grace de
fanté, & de la grace medicinale, tres-
inconnuë aux nouveaux Theologiens.*
Comment M. l'Abbé de B. a-t-il pû
m'appeller un *architelte de calomnies,*
pour avoir foûtenu, que cette difference des deux graces, fe trouve dans
les livres des hérétiques ? Je ne crois
pas, que M. Gery ofe dire maintenant, que c'eft fur cet article de la
difference des deux graces, que le
Secret du Janfenifme a efté clairement

convaincu par M. l'Abbé de B. *de n'eſtre qu'une calomnie publique.*

Il faut voir maintenant, s'il le peut dire de quelqu'une des deux autres opinions fondamentales de la doctrine de Janſenius. Ce ne peut eſtre de l'opinion, qui dit que la liberté neceſſaire pour le merite & pour le démerite, n'exclut point la néceſſité, mais ſeulement la contrainte. Car ayant fait voir en détail, & tres-exactement dans le *Secret du Janſeniſme*, ch. 2. art. 1. que Janſenius ne dit rien de conſiderable, pour établir cette doctrine, qui ne ſoit dans les livres des hérétiques. M. l'Abbé de B. ne répond point à tout cela; ce qui m'a obligé de parler de luy en ces termes, dans la Réflexion ſur ce premier article. *Il ne dit pas un mot dans tout ſon ouvrage, des juſtes reproches, que je fais à Janſenius d'avoir emprunté des hérétiques les plus fortes raiſons qu'il employe, pour établir cette doctrine de la liberté. N'ay-je pas fait voir, que c'eſt aprés ces ennemis de l'Egliſe, qu'il tâche de la prouver par des argumens tirez de la liberté de*

Dieu, des Anges, des Bienheureux &
des démons, &c. N'ay-je pas montré
dans les articles qui suivent, que c'est
à l'exemple de ces hérétiques, qu'il la
veut appuyer de l'autorité de saint Au-
gustin, de saint Prosper, de saint Ber-
nard, de saint Bonaventure, & de
beaucoup d'autres Docteurs ? Puis je
conclus en cette maniere : *Si nostre*
Janseniste croit, que cela n'est pas ve-
ritable, pourquoy ne dit-il pas un mot,
pour en montrer la fausseté ? S'il en de-
meure d'accord, que ne l'avouë-t-il
franchement? & que ne nous fait-il rai-
son de la hardiesse de son maistre, qui
ose bien asseurer que cette doctrine est
inoüie à ceux de ce siecle? Recentioribus
inaudita est.

Je prouve évidemment dans le
chap. 4. du *Secret*, que Jansenius a
dérobé des hérétiques toute sa doctrine, touchant la necessité de pécher, & l'impuissance de garder les
commandemens de Dieu. Le 1. art.
fait voir le fonds, & comme l'abregé de l'opinion de Jansenius, dans
ces paroles de Calvin, qui sont tirées
de son Institution liv. 2. chap. 5. n. 1.

Je nie, que le peché, pour estre necessaire, nous doive estre moins imputé ;
car si quelqu'un vouloit disputer avec
Dieu, & prétendre échaper la rigueur
de sa Justice, sous ce prétexte, qu'il ne
pouvoit faire autrement, il a sa réponse toute preste ; c'est que la servitude du
peché, qui l'attache necessairement au
mal, n'est point de la création de nôtre
nature, mais de son déreglement & de
sa corruption : car d'où vient cette impuissance, que les pecheurs prendroient
volontiers pour excuse de leur crime, si
ce n'est du peché d'Adam ? Je fais
voir ensuite dans l'article 1. 4. & 5.
que tout ce que dit Jansenius pour
prouver ces deux points, ou pour
répondre aux argumens des Catholiques, se trouve presque mot pour
mot dans les livres des Calvinistes.
M. l'Abbé de B. ne parle point de
tout cela dans son gros livre : ce qui
m'a fait dire, dans la Reflexion sur
le 1. article : *Quoy qu'il avouë par
son silence tout ce que je prétends en
cet endroit, je ne sçaurois pourtant
m'empêcher de me plaindre de luy ; car
puis qu'il est si certain, que cette opinion*

avec toutes ses suites, se lit dans les ou-
vrages des Calvinistes, que luy-mesme
est contraint d'en demeurer d'accord,
pourquoy ne parle-t-il point des justes
reproches, que je fais à Jansenius, pour
s'en estre attribué toute la gloire, &
avoir dit avec autant de hardiesse que
de fausseté, tom. 2. livre 4. chap. 21.
que cette doctrine estoit, à recentio-
rum sensu remotior, éloignée du sen-
timent des Theologiens de ce siecle, &
que sans doute elle leur paroistroit mer-
veilleuse, mira sine dubio recentiori-
bus videbitur ? Ce n'est donc pas encore de cet article du *Secret du Jan-*
senisme, que parle M. Gery, quand
il asseure, que *le Secret du Jansenisme*
fut clairement convaincu par le gros
livre de M. l'Abbé de B. *de n'estre*
qu'une calomnie publique.

Tout ce que j'ay dit jusqu'icy,
prouve clairement, que M. l'Abbé
de B. bien loin d'avoir par son
gros livre convaincu de fausseté ce
premier point capital & essentiel, sur
lequel roule principalement le Secret du Jansenisme. *La doctrine de*
Jansenius sur le libre arbitre & sur la

grace, est toute prise des hérétiques du dernier siecle ; il l'a plûtost confirmé, & a fait voir qu'il est indubitable. Car cet Abbé, qui, comme le remarque M. Gery, estoit *si habile dans les controverses, & si versé dans les livres des Calvinistes, que personne n'estoit plus propre que luy, à réfuter cette conformité de la doctrine des Jansenistes avec celle de Calvin*, n'ayant osé marquer autre chose de considérable dans Jansenius, qui ne fût pas dans Calvin, que la difference des deux graces (qui se trouve pourtant toute entiere dans beaucoup de livres de Calvin & de ses disciples) il est évident, qu'il n'a pû trouver d'autre moyen de combattre ce premier point.

Il faut encore remarquer, que son gros livre ayant parû en 1652. la troisiéme édition du *Secret du Jansenisme* fut achevée en Avril 1653. dans laquelle j'inseray des Reflexions particulieres, sur la réponse que M. l'Abbé de B. avoit faite à chaque art. de mon livre, & je m'attachay particulierement à ce qu'il avoit dit sur l'art. 1. de chaque chap. luy reprochant toûjoursqu'il n'avoit rien marqué de considerable dans Jansenius, sur la question que je traite, qui ne soit dans les livres des hérétiques. Et pour l'engager à executer plus fidelement ce qu'il avoit promis, j'y employay de tres-fortes raisons tirées de son honneur, & de l'interest du parti qu'il défendoit. Mais il s'est bien gardé d'y travailler, quoy qu'il n'eust alors que 46. ans, qu'il ait encore vêcu 20. ans depuis, & que, pour me confondre, il ne luy fallust faire qu'un écrit de trois pages, dans lesquelles il eût rapporté ce que Jansenius dit de plus fort dans les trois questions dont il s'agit, & qu'on ne trouve point dans les livres des hérétiques.

Si M. Gery veut se vanger du chagrin que je luy donne, en faisant voir la fausseté de ce qu'il a dit, que le *Secret du Jansenisme fut clairement convaincu* par le livre de M. l'Abbé de B. *de n'estre qu'une calomnie publique,* en ce qui regarde *la conformité de la doctrine de Jansenius avec celle de*

Calvin; il doit chercher au plûtoſt dans Janſenius quelque choſe de remarquable & d'eſſentiel ſur les queſtions que je traite, qui ne ſoit pas dans les ouvrages de Calvin & de ſes diſciples; s'il ne le fait pas, je demeureray malgré ſes injures, ſes diſcours hors de propos, & ſes invectives contre Molina, dans la poſſeſſion où je ſuis depuis 45. ans, de pouvoir dire avec aſſurance: *J'ay montré clairement que Janſenius & ſes défenſeurs dans les ouvrages qu'ils ont imprimez, ont dérobé des héréſiarques de nôtre temps, tout ce qu'ils diſent de plus fort.*

II. POINT.

Les Calviniſtes ont ſoûtenu ces opinions, comme autant d'articles de leur foy, oppoſez aux déciſions du Concile de Trente.

CE ſecond point de mon livre eſt encore plus fort que le premier, parce qu'on en peut tirer des preuves plus convaincantes, pour con-

damner d'héréſie la doctrine de Janſenius. C'eſt ce qui me fait croire,
que M. Gery a prétendu en parler
auſſi, quand il a aſſeuré, que le *Se-*
cret du Janſeniſme fut clairement con-
vaincu (par le livre de M. l'Abbé de
B.) *de n'eſtre qu'une calomnie publi-*
que. Voyons s'il l'a pû dire avec verité.

La doctrine de Calvin, touchant
le libre arbitre & la grace, renferme
particulierement ces trois articles,
qu'il ſe vante d'avoir déterrez des
ouvrages de ſaint Auguſtin, où ils
eſtoient enſevelis depuis pluſieurs
ſiecles. Le premier eſt : *La liberté ne-*
ceſſaire pour le merite & pour le déme-
rite, n'exclut point la neceſſité, mais
ſeulement la contrainte. Le ſecond: *La*
grace dans cet état de la nature corrom-
puë, nous impoſe une neceſſité d'agir.
Le troiſiéme : Nous pechons neceſſai-
rement dans le meſme état, & ce n'eſt
que du premier peché d'Adam, qu'on
doit entendre ces paroles de ſaint Au-
guſtin, le peché dont il eſt libre de s'ab-
ſtenir. J'ay fait voir par des témoignages formels des Calviniſtes, qu'ils

avouënt tous, que ces trois parties de leur doctrine, font autant d'articles de leur foy particuliere, & que le Concile de Trente les a condamnés. Et neanmoins M. l'Abbé de B. dans tout fon gros livre n'a pas dit un feul mot, pour me contefter cette verité, comme je m'en plains dans les Reflexions fur les feconds articles des chap. 2. 3. & 4. Il s'eft contenté de parler toûjours de la mefme maniere, que s'il ne doutoit point que ces hérétiques ne fe foient trompez, en avoüant que le Concile de Trente avoit condamné leur doctrine touchant ces trois points. M. l'Abbé de B. ne m'a donc pas convaincu d'avoir fait une *calomnie publique*, en foûtenant qu'ils l'avoient avoüé, puifque luy-mefme en demeure d'accord avec moy.

Mais il eft à propos d'expliquer icy plus nettement les deux chofes, que les Calviniftes affeurent de ces articles de leur foy ; pour démêler la premiere dans laquelle ils fe trompent manifeftement, de la feconde, dans laquelle ils difent vray. Ils af-

seurent premierement , que ces articles de leur foy ont esté décidez par
l'ancienne Eglise , contre les héré-
sies de Pelagius. Mais cette préten-
tion des Calvinistes est insoûte-
nable : parce que l'ancienne Eglise
bien loin d'estre favorable à ces
trois articles de la foy de Calvin ,
les a tous foudroyez condamnant
d'hérésie les ennemis du libre arbitre. C'est ce que beaucoup de
Docteurs Catholiques dont je rapporte le témoignages dans le *Secret
du Jansenisme* c. 2. art. 4. prouvent
par un raisonnement convaincant ,
& qu'un d'eux (c'est Mr Ysambert)
explique tres-bien en peu de mots:
*Tous les hérétiques qui ont jamais esté
condamnez par l'Eglise, pour avoir nié
le libre arbitre , ne nioient point cette
liberté qui exclut la contrainte , mais
seulement celle qui exclut la necessité ,
& neanmoins ils ont esté condamnez
comme hérétiques.*

Les Calvinistes asseurent en second
lieu, que ces trois articles de leur
foy sont contraires aux décisions du
Concile de Trente. Ils avouënt mes-

me qu'ils ont esté tous compris dans
ce canon 5. de la seff. 6. *Si quelqu'un
dit que le libre arbitre de l'homme a esté
perdu & éteint par le peché d'Adam,
qu'il soit anathême.* Parce qu'il est évident que le Concile n'a prétendu
parler que de la liberté qui exclut
la neceffité, puifque les nouveaux
hérétiques difoient tous avec Calvin l. 2. du libre arbitre : *Si la liberté n'eft opposée qu'à la contrainte,
j'avoüe qu'il y a un libre arbitre, je le
foûtiens conftamment, & tiens pour
hérétique celuy qui le nie.* De ce paffa-
ge de Calvin, & de beaucoup d'autres femblables, joints à ceux que
j'ay rapportez dans le premier point,
pour montrer qu'il foûtenoit que le
libre arbitre d'Adam eftoit entierement exempt de la neceffité, l'on
peut former une propofition tres-
courte, qui fera un abregé fort exact
de fa doctrine, touchant le libre arbitre, la grace neceffitante, & le peché neceffaire. La voicy : *Nous avons
perdu par le peché d'Adam la liberté
qui eft opposée à la neceffité, & nous
n'avons plus que la liberté qui eft*

opposée à la contrainte.

Calvin avoüa d'abord que cette doctrine avoit esté condamnée comme hérétique par le Concile de Trente. Car dans son Antidote imprimé à Genéve l'an 1547. quelques mois aprês que la session sixiéme du Concile fut publiée, examinant tout ce qui touche le libre arbitre & la grace, il ne dissimule point que c'est à luy qu'on en veut, quand on décide dans le chap. 4. *Que l'homme recevant une inspiration, peut la rejetter.* Dans le canon 4. *Que le libre arbitre meu & excité de Dieu peut ne pas consentir s'il le veut.* Et dans le canon 5. *Que le libre arbitre de l'homme n'a point esté perdu ny éteint par le peché d'Adam.* C'est pour cela qu'il ne pense qu'à se mettre à couvert des anathêmes qu'on lance contre luy, & qu'il en appelle à saint Augustin, comme à son garant, prétendant avoir appris de luy que nous avons perdu par le peché d'Adam la liberté qui exclut la necessité, & qu'il ne nous reste plus que celle qui exclut la contrainte. Les premiers disciples de

de Calvin , qui ont esté les plus ar-
dens défenseurs de cette doctrine ,
avoüerent aprés luy que le Concile
de Trente l'avoit proscrite. Les Catholiques de leur costé publierent
cette condamnation , comme un jugement solemnel & définitif du sou-
verain Tribunal de l'Eglise.

Voilà le sentiment que tout le
monde eut sur cette décision du
Concile de Trente dés qu'elle parut. Depuis ce temps-là, nonobstant
la guerre continuelle que les Catholiques & les Calvinistes se sont faite
sur la doctrine considerée en elle-
mesme, ils ont esté parfaitement d'accord sur le point de la condamnation ; & les écrivains de l'un & de
l'autre parti en parlent comme d'un
fait de notorieté publique. Aprés
tout cela , un Janseniste nous vient
dire , que les Calvinistes se sont
trompez, en avoüant que leur doctrine du libre arbitre & de la grace a
esté condamnée par le Concile de
Trente : & la seule raison qu'il a
d'avancer cette fausseté, est qu'on ne
peut garantir Jansenius à cet égard

B

des foudres de ce dernier Concile œcumenique, si l'on avouë que Calvin en a esté frappé.

Pour mieux comprendre où va ce procedé des Jansenistes, il faut se souvenir de ce qu'ils ont fait touchant cette proposition de Jansenius, qui est effectivement la mesme que celle de Calvin : *Pour meriter & démeriter dans l'état de la nature corrompuë, il n'est pas necessaire que l'homme ait la liberté qui est opposée à la nécessité ; mais c'est assez qu'il ait la liberté qui est opposée à la contrainte.* Cette proposition avoit esté condamnée comme hérétique par les Bulles d'Innocent X. & d'Alexandre VII. dont le premier marquoit assez ce que l'autre dit plus expressément, qu'il l'a condamnée *dans le sens de Jansenius.* Les Jansenistes pour se démêler de cet embarras, dirent hardiment que la proposition n'avoit pas esté condamnée dans son sens naturel & veritable, *qui est celuy de Jansenius,* mais seulement *dans un sens étranger,* & *qu'on ne luy peut donner que malicieu-*

sement. Cette démarche les engage à dire aussi que la proposition de Calvin n'a point esté condamnée par le Concile de Trente dans son sens propre & naturel, qui est celuy de Calvin, mais seulement *dans un sens étranger, & qu'on ne luy peut donner que malicieusement.*

III. POINT.

Tous les Docteurs Catholiques, qui ont écrit contre Calvin, combattent les mesmes opinions comme des héré-sies manifestes.

JE fais voir dans ce troisiéme point, que les Docteurs Catholiques, desquels l'Eglise s'est servie, selon la remarque du Cardinal Hosius, pour combattre les dernieres héré-sies, comme elle a employé autre-fois les saints Peres pour détruire les anciennes ; que ces Docteurs, dis-je, ont attaqué cette doctrine de Calvin, touchant le libre arbi-tre & la grace, comme une hérésie manifeste, qui a esté souvent frap-

pée des anathêmes de l'Eglise, &
particulierement dans le Concile de
Trente. Je rapporte les témoignages authentiques de ces vainqueurs
de l'hérésie, dans les art. troisiémes
de chaque chap. du Secret du Jansenisme ; & je remarque toûjours,
qu'ils ont combattu cette doctrine
de Calvin, d'un consentement si
unanime, que parmi un si grand
nombre de Docteurs François &
Espagnols, Flamans & Italiens, An-
glois & Allemans, Religieux & Se-
culiers, amis & ennemis de Molina,
il n'y en a pas un seul qui desavouë
les autres, & qui dise nettement :
*Cette doctrine de Calvin n'est pas hé-
rétique.*

Que répond M. l'Abbé de B. à
cette foule de tres-sçavans Docteurs,
qui oublians leurs querelles particulieres, conspirent ensemble pour
attaquer la doctrine des Jansenistes,
comme une des plus dangereuses
hérésies de Calvin ? Il se jette à l'é-
cart, & se contente de dire (comme
je le remarque dans la Reflexion sur
l'art. 3. du chap. 2. 3. & 4. du *Secret*

du Janfenifme) que beaucoup de
ces Docteurs *ont accusé de Pelagia-
nifme la doctrine de Molina.* Sur quoy
je luy parle de la forte : *Mais ils ont
auffi dit en termes formels, que l'opinion que vous foûtenez, eft hérétique
& condamnée de l'Eglife; ainfi comme je ferois tout-à-fait déraifonnable,
fi je foûtenois que ces Docteurs n'ont
point accusé l'opinion de Molina, d'ê-
tre Pelagienne, parce qu'ils affurent
que la voftre eft l'héréfie de Calvin;
auffi l'eftes-vous entierement, quand
vous prétendez qu'ils n'ont pas flétri
voftre doctrine d'une marque d'héréfie,
parce qu'ils ont attaqué celle de Molina, comme une erreur de Pelagius.
Ils ont fait l'un & l'autre, avec cette difference pourtant, que quand ils
ont appellé l'opinion de Molina Pelagienne, on a veu des Docteurs Catholiques de tous les ordres, qui ont
pris fa protection, & ont foûtenu qu'elle eftoit innocente, & enfuite des Papes, qui ont permis qu'on l'enfeignât
dans les Ecoles. Mais quand ils ont
affuré que la voftre eftoit hérétique, il
ne s'eft pas trouvé un feul Docteur Ca-*

tholique qui y ait formé la moindre op-
position , & le saint Siege a enfin
confirmé , & comme consacré leur jugement par ses anathêmes.

M. l'Abbé de B. m'avoit fait espe-
rer dans son Avis au lecteur, une
autre réponse tres-exacte & tres-
précise : car il assure , que *les Scho-*
lastiques qui ont enseigné inconsidéré-
ment, que la doctrine du libre arbitre & de la grace dont il s'agit , est
hérétique, *ont esté en cela choquez &*
contredits puissamment par d'autres
Scholastiques , & plus doctes &
mieux sensez : Mais il les ou-
blie dans le corps de son ouvrage,
& n'en dit pas un seul mot. C'est
pour cela que dans la Reflexion sur
l'art. 3. chap. 2. je le presse de me
nommer un seul de ces Scholastiques, *plus docte & mieux sensé* que
ceux dont j'ay rapporté les témoignages , qui les desavoüe , & dise
clairement : *Calvin n'est pas héréti-*
que , en ce qu'il soûtient que la liberté
nécessaire pour le merite & le démeri-
te , n'est pas opposée à la nécessité,
mais seulement à la contrainte. Je luy

fais une semblable demande dans la Reflexion sur l'article 3. du chap. 4. qui est de la grace efficace, le conjurant de me marquer un seul de ces *Scholastiques plus docte & mieux sensé* que ceux que j'ay citez, qui asfure que *Calvin n'est pas hérétique, en ce qu'il soûtient, que la grace nous impose une nécessité d'agir; & que la veritable maniere de l'accorder avec le libre arbitre, est de prouver qu'elle le fait agir volontairement & sans contrainte.*

Mais M. l'Abbé de B. nous découvre bien mieux sa pensée, quand il parle de la nécessité de pecher, comme je le remarque dans la Reflexion sur l'art. 3. chap. 4. Il avouë dans la Conference 5. chap. 18. page 367. que *Nul auteur de ceux qui ont écrit depuis cent ans contre les hérétiques, n'a jamais approuvé cette proposition, qu'un péché commis par une nécessité particuliere, seroit un vray péché, pourvû qu'il eust sa source dans la désobeissance de nostre premier Pere.* Il se declare pourtant le protecteur de cette doctrine de Calvin, & il s'écrie au commencement du mesme chap. pag. 362. *Nous ne rougissons point d'asurer avec Monsieur d'Ipres, que quand nostre volonté produiroit un mauvais amour, qui ne fût pas seulement nécessaire, de cette nécessité générale, qu'on appelle de spécification, mais aussi de celle d'exercice, comme l'amour des Bienheureux est necessaires, nous serions veritablement coupables pour ce peché, & meriterions des supplices éternels, parce que la nécessité qui nous y auroit engagez, est une suite du crime de nostre premier Pere.* Mais ce qui est de plus étonnant, il ne soûtient pas seulement avec beaucoup de hardiesse cette doctrine de Calvin si décriée parmi les Catholiques, mais il la soûtient encore (& dans l'endroit que je viens de marquer, & dans le chap. 33. de la premiere Conference) comme *une maxime essentielle & fondamentale de la Religion Chrétienne.*

Si Monsieur Gery veut prendre la peine de considerer tout ce que je viens de dire, il ne prétendra pas que M. l'Abbé de B. *m'a con-*

vaincu d'une *calomnie publique*, pour
avoir soûtenu, que la doctrine de
Jansenius touchant le libre arbitre
& la grace, a esté combattuë comme une hérésie manifeste, par tous
les Docteurs Catholiques qui ont
écrit contre les hérétiques du dernier siecle.

CONCLUSION,

*Qui fait voir que la doctrine de Jan-
senius touchant le libre arbitre & la
grace, est manifestement hérétique.*

LEs trois points essentiels du
Secret du Jansenisme, estant si
clairement prouvez, qu'on n'en peut
plus douter, il est aisé d'y ajoûter
une proposition universelle, & de
former ensuite ce syllogisme, qui pa-
roist invincible.

Toute doctrine qui a ces trois
qualitez : premierement, qui a esté
prise toute entiere, (jusqu'aux endroits mesme que son Auteur vante toûjours, comme de nouvelles découvertes, qui luy ont coûté plu-

B v

sieurs années d'une étude presque
continuelle , & qu'il proteste avoir
esté avant luy tout à-fait inconnuë
dans ces derniers siecles :) qui a esté,
dis-je , prise toute entiere de Calvin , lequel cent ans auparavant l'a-
voit déterrée , à ce que luy & ses
disciples prétendent , des ouvrages
de saint Augustin, où elle estoit ensevelie depuis si long-temps : secondement, que tous les Calvinistes ont
défenduë , comme un article de leur
foy , décidé par l'ancienne Eglise
contre les Pelagiens , & rétabli par
Calvin , pour l'opposer aux sentimens de l'Eglise Romaine ; laquelle
de leur aveu l'a condamnée d'hérésie dans le Concile de Trente, qu'ils
accusent pour cela d'estre Pelagien.
Troisiémement , que tous les Docteurs Catholiques qui en parlent ,
ont combattuë comme une vieille
hérésie , renouvellée par Calvin, &
condamnée par le Concile de Trente; ce qu'ils font d'un consentement
si unanime , qu'on n'en trouve pas
un seul qui ait dit : *Cette doctrine de
Calvin n'est pas hérétique.* Toute do-

ctrine, dis-je, qui a ces trois qualitez
est manifestement hérétique.

Or la doctrine de Jansenius touchant le libre arbitre & la grace, a
ces trois qualitez. Car premierement,
elle a esté prise toute entiere (jusques
aux endroits mesme que son Auteur
vante toûjours comme de nouvelles
découvertes, qui luy ont coûté plusieurs années (22) d'une étude presque continuelle, (*lectionis assiduæ*)
& qu'il proteste avoir esté avant luy
tout-à-fait inconnuë dans ces derniers siecles) elle a, dis-je, esté prise tout entiere de Calvin, lequel cent
ans auparavant l'avoit déterrée, à ce
que luy & ses disciples prétendent,
des ouvrages de saint Augustin, où
elle estoit ensevelie depuis si long-
temps : Secondement, tous les Calvinistes l'ont défenduë comme un
article de leur foy décidé par l'ancienne Eglise contre les Pelagiens, &
rétabli par Calvin, pour l'opposer
aux sentimens de l'Eglise Romaine,
laquelle de leur aveu l'a condamné
d'hérésie dans le Concile de Trente,
qu'ils accusent pour cela d'estre Pe-

lagien. Troisiémement, tous les Docteurs Catholiques qui en parlent,
l'ont combattuë, comme une vieille
hérésie, renouvellée par Calvin, &
condamnée par le Concile de Trente ; ce qu'ils font d'un consentement si unanime, qu'on n'en trouve
pas un seul, qui ait dit : *Cette doctri-*
ne de Calvin n'est pas hérétique:

Donc la doctrine de Jansenius,
touchant le libre arbitre & la grace,
est manifestement hérétique.

Ce raisonnement, qui prouve d'u-
ne maniere si exacte, & selon les re-
gles, que la doctrine de Jansenius
touchant le libre arbitre & la grace,
est manifestement hérétique, me
fournit encore dans le second point
de sa premiere partie, le principe
d'un autre raisonnement, qui n'est
pas moins fort,& qui fera plus d'im-
pression sur l'esprit des Catholiques.
Jansenius ne défend pas seulement
aprés Calvin,1. *que la seule contrain-*
te blesse le libre arbitre. 2. que la gra-
ce nécessitante ne détruit point le meri-
te. 3. que la nécessité particuliere de
pécher, n'oste pas le démerite. Mais il

foûtient encore avec Calvin, que ces
trois maximes font autant d'articles
de foy décidez par l'ancienne Eglife contre les Pelagiens, & qu'on ne
peut nier fans eftre hérétique & Pelagien. D'où il s'enfuit 1. que les
Decrets du Concile de Trente , les
Bulles des Papes , & les Ecrits de
tous les Docteurs Catholiques , qui
font évidemment contraires à ces
trois maximes de Calvin, font rem-
plis des héréfies des Pelagiens. Il
s'enfuit 2. que les Calviniftes , qui
ont toûjours défendu ces prétendus
articles de foy avec une fermeté in-
croyable , ont efté durant plus de
cent ans les feuls dépofitaires de ces
grandes veritez , qui eftoient aban-
données & perfecutées de tous ceux
dont elles pouvoient efperer plus de
fecours. Il s'enfuit 3. que l'Eglife
Catholique & Romaine qui fouffre
un fi horrible defordre , n'eft point
la veritable Eglife de Jefus-Chrift ,
& que fi elle avoit cette affiftance infaillible du faint Efprit dont elle fe
flatte , elle n'auroit jamais permis ,
que ceux qu'elle a armez pour fa dé-

fenſe , attaquaſſent d'un conſentement ſi univerſel des veritez fondamentales de noſtre Religion. Il
s'enſuit 4. que les Calviniſtes, qui
depuis plus de cent ans ont eſté les
ſeuls défenſeurs de ces trois grandes veritez du Chriſtianiſme , le
pourroient bien eſtre auſſi de beaucoup d'autres , qu'ils ſoûtiennent
avec le meſme zele , & que les Catholiques n'ont pas attaqué avec
moins d'ardeur , ny d'un conſentement plus general.

L'on ne peut nier , qu'une doctrine qui a des ſuites ſi horribles & ſi
outrageuſes à la veritable Egliſe de
Jeſus-Chriſt , ne ſoit manifeſtement
hérétique.

Pour terminer la défenſe du *Se-*
cret du Janſeniſme avec plus d'avan-
tage ; il eſt à propos de répondre à
deux choſes que M. Gery m'objecte,
dont l'une regarde la doctrine de
Janſenius, & l'autre le *Secret du Jan-*
ſeniſme. Il me reproche 1. de *n'avoir*
pû faire paſſer Janſenius pour Calvi-
niſte , qu'en luy impoſant l'erreur d'u-
ne grace néceſſitante , à laquelle il ne

penſa jamais que pour la rejetter avec anathême. Je réponds 1. qu'il eſt bien étrange que M. Géry avance une propoſition de cette nature, ſans en apporter aucunes preuves, & ſans marquer un ſeul endroit de Janſenius, d'où on en puiſſe tirer ; s'imagine-t-il que nous l'en devons croire ſur ſa parole , malgré toutes les aſſurances que nous avons du contraire ?

Je réponds 2. que l'on ne peut nier, que dans la doctrine de Janſenius la grace efficace n'emporte nôtre conſentement avec une néceſſité inſurmontable. C'eſt pour établir cette grace néceſſitante , & pour l'accorder avec le libre arbitre, qu'il entreprend de prouver fort au long dans les livres 6. & 8. de la grace de Jeſus-Chriſt , que la liberté neceſſaire pour le merite & pour le démerite , n'exclut pas la néceſſité ſimple, quelque abſoluë & invincible qu'elle puiſſe eſtre ; mais qu'elle exclut ſeulement la contrainte & la violence , qui feroit agir la volonté malgré elle ; ce qui eſt impoſſible ,

Nulla necessitas, dit-il, l. 8. c. 19. *actibus voluntatis liberis formidanda est, sed sola vis & coactio :* c'est-à-dire, *Nulle necessité ne nuit aux actes libres de la volonté, mais seulement la violence & la contrainte.* Il s'explique encore plus nettement, quand il assure dans le c. 15. que la grace, *qui nous imposeroit une nécessité semblable à celle que les Bienheureux ont d'aimer Dieu,* ne blessë pas cette liberté ; ce qu'il dit encore (l. 4. de la nat. corromp. c. 24.) *d'une nécessité de pécher, semblable à celle dont l'amour des Bienheureux est nécessaire.* Mais il faut particulierement remarquer ce qu'il enseigne de la cause prochaine, qui fait que la grace efficace est nécessitante. Dans le c. 3. du mesme livre il assure, que de deux mouvemens indéliberez & contraires, qui flattent en mesme temps nostre volonté, dont l'un s'appelle la grace, & l'autre la concupiscence ; celuy qui est victorieux & le plus fort, gagne nostre consentement avec une nécessité absoluë & inévitable.

La fausse idée que M. Gery nous a
voulu donner de la grace efficace de
Jansenius, est cause qu'il m'accuse
d'avoir falsifié un passage de cet Auteur tiré du livre 8. de la grace de
Jesus-Christ chap. 15. & qu'il me dit:
*Dans quel dictionnaire avez - vous
trouvé, que ces mots : Gratiam quan-
tumcumque efficacem, signifient, Quelque nécessité que la grace nous impose?*
Je luy réponds, que c'est dans le dictionnaire de Jansenius : car il est
tres-assuré, que dans sa doctrine la
force invincible de la grace efficace
& victorieuse, vient de la nécessité
absoluë de consentir, qu'elle nous
impose, dés-là qu'elle est victorieuse ; & par consequent, qu'on ne
peut mieux expliquer en nostre lan-
gue, ce que prétend Jansenius par
ces paroles Latines : *Gratiam quan-
tumcumque efficacem , etiam talem,
qualis in cælo cum summâ delectatione
dabitur, nullo modo tollere libertatem:*
qu'en disant : *Quelque nécessité que la
grace efficace nous impose, quand même
elle seroit semblable à celle que les
Bienheureux ont d'aimer Dieu, elle*

n'oste pas la liberté.

Il me reproche en second lieu, d'avoir dit qu'en composant le Secret du Janfenifme, *j'ay eu deffein de défendre la Bulle d'Innocent X. qui ne parut que trois ans aprés, & de répondre à 7. ou 8. volumes, & beaucoup d'autres, 30. ou 40. ans avant qu'ils fuffent faits.* Ce reproche eft tres-injufte, & pour en eftre perfuadé, il ne faut que lire dans mon dernier ouvrage l'endroit où il prétend que j'ay parlé de la forte. Il n'eft pas dans le corps du livre que j'ay compofé avant que la Bulle parût; mais dans l'avertiffement que j'ay fait l'année 1688. pour le mettre à la tefte de la derniere édition. Je marque d'abord dans cet avertiffement les principaux ouvrages que les Janfeniftes ont publiez depuis la Bulle d'Innocent X. pour montrer que la doctrine de Janfenius fur le libre arbitre & fur la grace, n'eft pas hérétique. Je prends enfuite comme un moyen général & infaillible *de combattre ces livres des Janfeniftes* tous enfemble , cette proposition qui les renferme tous : *La doctrine de Janseñius sur le libre arbitre & sur la grace , dans le sens que luy-mesme & ses disciples la soûtiennent, estoit manifestement hérétique , avant la Bulle d'Innocent X.* Les preuves que j'employe dans le Secret du Jansenisme, pour établir cette verité , sont si fortes & si solides, que toutes les réponses de M. l'Abbé de B. n'ont fait que l'affermir davantage , & persuader à tous ceux qui ne sont pas entestez du Jansenisme , qu'elle est indubitable.

C'est cette verité qui a déja détruit *l'héréfie imaginaire , le fantôme du Jansenisme* , & tant d'autres ouvrages, que l'on a mis au jour depuis prés de 40. ans , pour appuyer les opinions de Jansenius. C'est elle qui ruinera encore tous ceux que l'on fera à l'avenir , si M. Gery qui a tant de zele pour le Jansenisme , n'entreprend de montrer que cette verité n'est que prétenduë , & que les deux argumens dont je me sers pour l'établir au com-

mencement de cette conclusion,
& qui me paroissent invincibles,
ne sont que des paralogismes.

F I N.

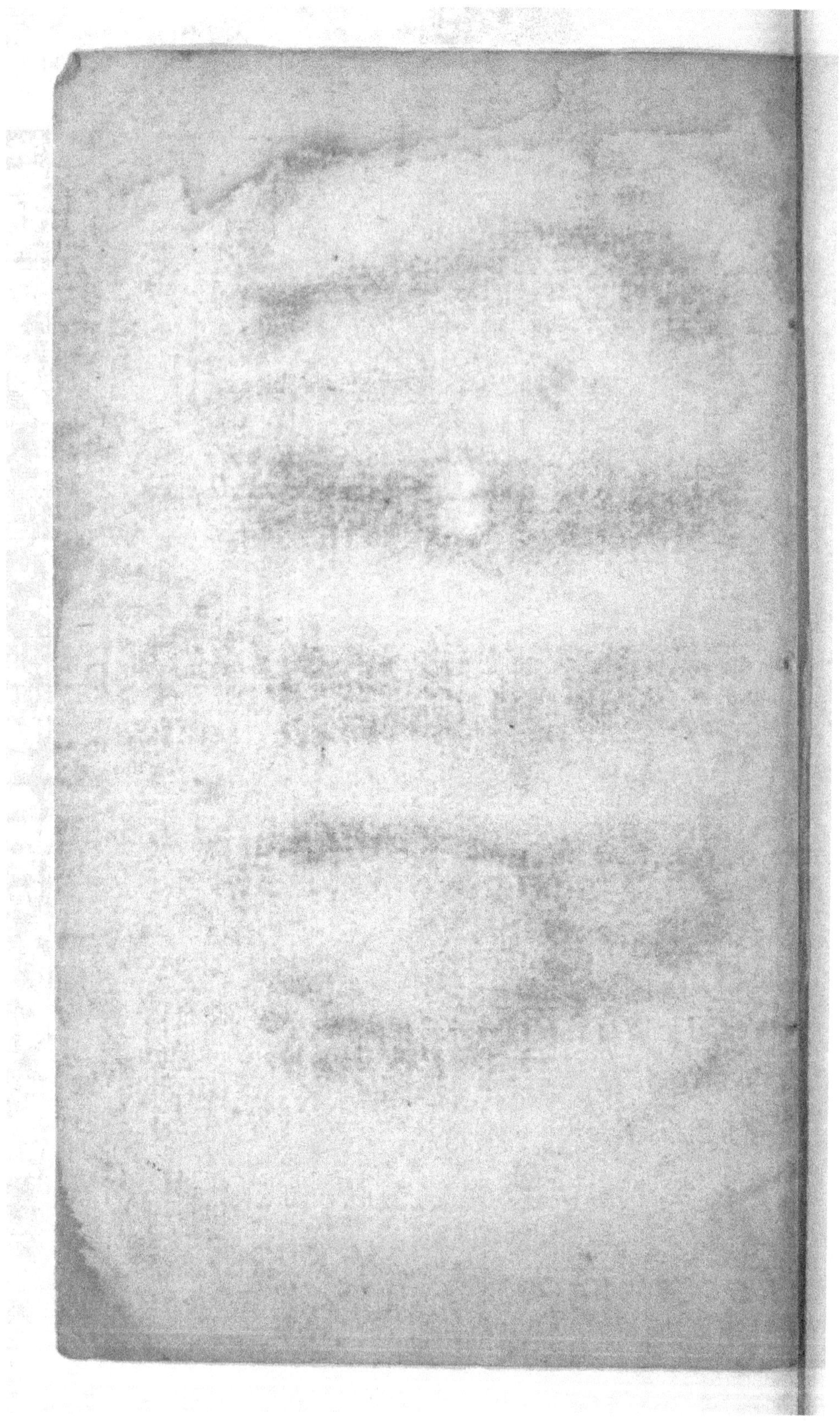